W0273885

Respirer

De la même auteure

Mon combat pour Paris. Quand la ville ose…, Flammarion, 2014.

Travail au bord de la crise de nerfs, avec Jean-Bernard Senon, Flammarion, 2010.

Une femme dans l'arène, avec Jean-Bernard Senon, Éditions du Rocher, 2006.

Anne Hidalgo
En collaboration avec Antoine Leiris

Respirer

Éditions de L'Observatoire

ISBN : 979-10-329-0351-3
Dépôt légal : 2018, septembre
© Éditions de l'Observatoire/Humensis, 2018
170 *bis*, boulevard du Montparnasse, 75014 Paris

À mes enfants.

« Respirer Paris, cela conserve l'âme. »

Victor Hugo

Avant de pénétrer dans la salle de la Cour de justice de l'Union européenne, on me dit que je vais perdre. Qu'ils sont trop puissants, qu'ils ont le pouvoir avec eux, qu'ils ont l'argent. Je n'ai pas peur. Je préfère la défaite au renoncement. Ce ne serait de toute façon qu'une étape, c'est inéluctable, l'histoire nous donnera raison.

Dans quelques années on comprendra que le diesel et les particules fines qu'il rejette sont l'amiante du XXIe siècle.

Je m'apprête donc à entrer dans la salle de la Cour de justice de l'Union européenne à Luxembourg pour dénoncer le « permis à polluer » que la Commission a accordé aux constructeurs automobiles après le « dieselgate ».

Comme pour l'amiante, ce produit hautement toxique que les entreprises de construction nous ont fait respirer simplement parce qu'il coûtait moins cher alors qu'on savait depuis le début du XXe siècle ses ravages sur la santé humaine, on nous demande de patienter. Mais il a fallu attendre près de 100 ans pour que l'amiante soit interdite. Un siècle de désinformation du lobby de l'amiante pour préserver son « or blanc » contre notre santé. Nous sommes aujourd'hui dans la même situation avec le diesel. Les études sur la nocivité des particules fines s'accumulent et sont de plus en plus alarmantes.

On ne mourra pas demain de la pollution. On en meurt aujourd'hui. Elle est déjà la troisième cause de mortalité en France après l'alcool et le tabac.

Il y a urgence. Il ne se passe pas une journée depuis mon élection sans que je me répète : « il y a urgence ». La pollution de l'air comme la misère des réfugiés. La privatisation des profits comme la mutualisation des pertes. L'impuissance des institutions européennes comme la montée des populismes. Toutes ces urgences n'en forment qu'une à laquelle je m'attache en tant que maire à faire face. Concrètement et quotidiennement.

La crise qui nous frappe est à la fois économique, sociale, écologique et peut-être surtout morale. L'homme se rend compte de ce qu'il a fait et ne peut échapper à la culpabilité.

Face à ce sentiment qui nous habite tous, certains se renient. Je pense à un pneumologue récemment condamné pour faux témoignage devant une commission parlementaire qui disait à qui voulait l'entendre que le diesel n'était pas dangereux, en omettant de signaler qu'il était rémunéré par une compagnie pétrolière. Certains choisissent le déni, je pense à ceux à qui on laisse dire que la pollution à Paris provient des usines de charbon allemandes alors que quiconque s'est trouvé rue de Rivoli aux heures de pointe ne peut nier que la voiture est la principale source de pollution en ville. Certains renoncent, je pense à une partie de mes opposants qui disent avoir conscience du problème, qui ne peuvent ignorer les inquiétudes des familles d'enfants devenus asthmatiques ou de nourrissons victimes de bronchiolites chroniques, mais qui rejettent les solutions, le chemin que je propose, au nom de la méthode qui ne serait pas « la » bonne méthode.

J'ai choisi de faire face.

D'accepter cette culpabilité, mais de refuser qu'elle m'aveugle ou me paralyse. J'ai choisi d'en faire un moteur de mon action. Si nous sommes coupables d'aujourd'hui, alors nous sommes responsables de demain. Je ne peux pas réparer ce que l'on a déjà fait, mais je peux faire ce qu'on ne fait pas encore. Je peux faire. Je fais.

Et le premier des grands défis de la Ville de Paris, celui qui conditionne tous les autres, c'est le défi climatique. Nous avons perdu beaucoup de temps en controverses. Nous avons pris du retard. Maintenant, il y a urgence. Pourtant, les États européens et la Commission européenne ont choisi d'attendre. De laisser le temps au diesel de nous empoisonner. De brader notre santé pour préserver des intérêts. Alors non, je ne renoncerai pas.

Comme je n'ai pas renoncé lorsque la crise d'Autolib' nous a placés devant un dilemme : le groupe Bolloré demandait aux communes dans lesquelles Autolib' est implanté de payer près de 40 millions d'euros par an jusqu'en 2023. À quoi correspondent ces 40 millions d'euros ?

Lorsque nous avons signé le contrat pour le service Autolib' en 2011, une clause particulière y était insérée ; si le service Autolib' devait être déficitaire, ce déficit serait pris en charge par le groupe Bolloré à hauteur de 60 millions d'euros, le reste devant être réglé par les communes.

Mais ce contrat supposait une exécution normale de leurs obligations par les deux parties. Les utilisateurs d'Autolib' le savent mieux que les autres – bornes de recharge en maintenance, véhicules sales, réservations annulées au dernier moment, stations pleines ou stations vides –, le service s'est peu à peu dégradé. Autolib' était peut-être trop en avance. La révolution numérique et les nouveaux usages qui l'accompagnent obligeaient à repenser totalement un modèle dont la structure était devenue trop lourde, inadaptée, obsolète.

J'étais première adjointe au moment de la signature, et j'assume pleinement cette décision. J'étais volontaire pour ce projet que portait Bertrand Delanoë. Nous avons fait confiance à l'avenir, non par naïveté, mais par nécessité. Parce que sans cette confiance nous n'aurions pas pu inventer le premier service d'auto-partage électrique au monde. Sans cette confiance nous n'aurions pas fondamentalement changé la manière d'envisager la voiture, qui pouvait être électrique, non bruyante, non polluante et dont on ne payait que l'usage. C'est une première révolution qui s'est opérée avec Autolib'.

Autolib' a éveillé nos consciences et fait évoluer nos usages. Il a unifié les communes de la région dans une même ambition. Il a été et restera la marque d'un Paris pionnier en matière de mobilité. Je n'oublierai jamais que le groupe Bolloré a participé avec nous à ce mouvement.

Mais le monde change à une vitesse telle que nous devons sans cesse anticiper les nouveaux usages à accompagner, les nouveaux modèles à inventer, les nouvelles attentes à concrétiser. Et bien avant ces évènements nous travaillions déjà sur la prochaine révolution. C'est grâce à ce travail en profondeur que nous avons pu annoncer l'arrivée sur le terrain de l'auto-partage électrique du plus grand constructeur français, Renault, qui dès la rentrée 2018 proposera des véhicules électriques en libre-service à Paris et dans la région parisienne. D'autres viendront aussi. Par rapport à Autolib', le service sera simplifié : on prend la voiture où elle est et on la gare où on veut, l'offre sera densifiée – avec un potentiel de près de quatre fois plus de véhicules électriques à terme –, les possibilités multipliées, puisqu'on pourra se rendre n'importe où à Paris même s'il n'y a pas de borne de recharge à proximité.

Les bornes de recharge, justement, seront modernisées afin de permettre la recharge rapide de tout véhicule électrique dans la capitale. Toute cette infrastructure mise en place restera à Paris et sera le moteur du développement de la circulation électrique dans notre ville. Ceux qui pensent qu'Autolib' n'aura été que pure perte se trompent. Paris a inventé l'auto-partage. Paris réinvente l'auto-partage.

Innover, c'est oser prendre un risque.

Nous avons pris un risque. J'assume le risque politique. Je refuse le risque financier pour les Parisiens. La place de la Ville dans ce dossier est celle du régulateur, celui qui organise, celui qui raisonne, celui qui veille au bon fonctionnement dans l'intérêt des usagers. Cette fois, nous ne mutualiserons pas les pertes, au contraire, nous envisageons d'instituer une redevance sur l'occupation de l'espace public de ces véhicules, afin de financer la mobilité des Parisiens. Pour cela, nous aurons besoin de la loi. Nous y travaillons.

Ce rôle stratégique de la Ville est, je crois, l'avenir de ce que j'appelle le service public des mobilités partagées. Nous devons permettre que chacun des modes de déplacement partagés soit accessible *via* une seule interface, le pass Navigo, qui pourrait se décliner en application Navigo sur les smartphones, et qui, par la présence de la puissance publique, garantirait que ces services soient accessibles à chacun et organisés dans l'intérêt de tous.

Notre responsabilité, celle de l'État, de la Région, de la métropole et des communes, est là, que les mobilités électriques partagées, voitures, scooters, vélos, trottinettes, fassent partie d'une offre globale, et que cette offre globale soit à terme accessible par un abonnement qui permettrait, comme pour le pass Navigo, un usage illimité.

Mais avant que l'électrique ne devienne la norme, nous devons nous occuper du diesel. C'est ce que je fais en attaquant la norme euro 6 modifiée relative à la pollution aux particules fines générée par ces moteurs. Tout est parti du « dieselgate » en 2015, après les révélations sur les pratiques du groupe Volkswagen qui, à l'aide d'un procédé technique complexe, modifiait les résultats de ses véhicules qui passaient les tests de conformité aux normes de pollution.

Pour le dire simplement, parce que l'affaire est simple, le groupe Volkswagen trichait.

Il affichait des résultats aux tests antipollution qui n'étaient pas conformes à la réalité de ce qu'émettaient leurs véhicules. Je dis « émettaient », pourtant c'est au présent que je dois conjuguer ce verbe. En effet, à la suite de ce scandale, la Commission européenne s'est saisie de l'affaire, sa première préoccupation étant la santé. La santé du secteur industriel ! Ils ont obtenu une multiplication par plus de cinq du taux de particules fines que leurs véhicules pouvaient émettre. Et cela ne constituait pas pour la Commission une modification substantielle de la norme.

Je pense aux petits Parisiens et Parisiennes dans leurs écoles. Quelle confiance auraient-ils dans l'institution si à la suite d'une tricherie massive à un examen on décidait simplement de changer le barème de notation ?

C'est cette vision à court terme qui retarde la mutation indispensable du secteur automobile.

C'est une question de justice, se battre contre ce droit à mettre notre vie en danger ! Un droit accordé en catimini, par quelques techniciens, quelques experts qui ne connaissent ceux pour qui ils décident qu'au travers des rapports qu'on pose sur leur bureau, et qui ont évité soigneusement de faire approuver cette décision par un organe légitime, le Parlement européen, en l'occurrence, qui l'aurait sûrement refusée.

Avant même de m'attaquer à cette norme, ce que je ferai quoi qu'il arrive, je dois d'abord prouver à la Cour de justice de l'Union européenne que je suis légitime à agir. C'est l'objet de l'audience d'aujourd'hui. C'est le sujet pour la ville de demain. Nous sommes à l'aube d'une révolution juridique qui permettrait aux maires européens de contester les normes édictées par la Commission européenne, ce qu'on leur refuse aujourd'hui. Les conseils, le talent et l'obstination de Maître Jérémie Assous nous y aideront.

C'est par l'action et non par le discours que nous remettrons l'Europe au plus près de ses territoires, au cœur de ses villes, quelle que soit leur taille ou leur situation géographique, les villages ruraux comme les plus grandes zones urbaines. Nous pourrions, à l'aide de cette nouvelle jurisprudence, contester toute norme qui porterait atteinte à notre santé, à notre cadre de vie, à notre avenir. Nous sommes les porte-voix des inquiétudes et des ambitions de nos concitoyens. Ils seraient obligés de nous entendre.

Selon le droit européen, ne sont fondés à contester une norme que les États eux-mêmes et les personnes directement et personnellement concernées. Pourquoi les États n'ont-ils pas contesté ce « permis à polluer » ? Parce qu'ils sont liés entre eux par des jeux d'influence, parce que les grands lobbies sont trop puissants, parce que les enjeux macroéconomiques sont trop importants, parce que, simplement, ce n'est pas un sujet prioritaire. C'est toute la différence avec un maire, même d'une commune aussi grande que Paris, Madrid, ou Bruxelles dont les édiles Manuela Carmena et Philippe Close m'accompagnent dans cette action : nous sommes avec nos concitoyens chaque jour, nous respirons le même air, c'est notre sujet prioritaire.

Si, dans ce cas, les États n'ont pas agi, qu'en est-il des personnes directement et personnellement concernées ? « Directement et personnellement concernées ». La formule pourrait laisser penser que nous pouvons tous contester cette norme. Nous respirons chaque jour les particules fines que rejettent les moteurs diesels ; permettre aux constructeurs d'en émettre plus, même temporairement, met notre santé en jeu, nous sommes, de fait, personnellement et directement concernés.

Mais le droit est une matière étrange, à la fois l'absolu pour une démocratie, à la fois l'outil pour la contourner. Selon la jurisprudence européenne, au vu de l'impossibilité de prouver la part exacte imputable aux particules fines dans l'apparition d'un cancer, par exemple, les personnes directement et personnellement concernées ne sont pas les malades du diesel, c'est l'industrie du diesel elle-même.

Être maire de Paris, c'est marcher sur une ligne de crête, savoir que de l'un et l'autre côté le danger est là, mais continuer à suivre l'horizon montré par les citoyens. Mon rapport avec les constructeurs automobiles en est l'illustration. D'un côté, je leur tiens tête, je les rappelle à leur responsabilité. De l'autre, nous travaillons ensemble à construire demain dans un conseil des mobilités que j'ai créé en avril 2018. Un conseil au sein duquel siègent parmi les plus grands constructeurs automobiles.

Cela pourrait paraître contradictoire, pourtant ça ne l'est pas. Au contraire. Si tous ensemble au sein du C40 – qui réunit les maires des plus grandes villes du monde, représentant 600 millions d'individus, donc potentiellement 600 millions de clients –, nous n'avions pas érigé en priorité absolue la lutte contre le réchauffement climatique, les constructeurs automobiles seraient probablement restés confortablement installés dans le *statu quo* qu'ils défendaient. Il fallait les bouger. Nous l'avons fait ensemble, 96 des plus grandes villes du monde ; d'une seule voix nous leur avons fait comprendre que nous n'acceptions plus la situation telle qu'elle était.

À notre grande surprise, ils nous ont dit qu'ils étaient prêts. Prêts à faire autrement, autrement que le diesel roi, autrement que la voiture individuelle, autrement que la propriété. En aparté, le dirigeant d'un grand constructeur m'a confié à cette occasion qu'ils se préparaient en fait depuis longtemps, mais qu'ils attendaient que le politique leur indique ses choix parce que c'était sa responsabilité. Cet échange m'a profondément marquée.

Nous ne sommes pas adversaires, nous ne serons jamais complices. Nous sommes chacun à notre place, eux défendant leurs intérêts, nous ceux du plus grand nombre ; lorsque les uns et les autres se rejoignent sur un point précis, alors nous pouvons être partenaires et réussir.

C'est parce que les intérêts privés doivent se plier aux exigences publiques que le « droit de l'environnement » ne peut se réduire à une spécialité juridique parmi d'autres. Nos sociétés se sont donné tous les droits sur une nature réduite à l'état de ressource. L'humanité a épuisé ce qu'elle croyait inépuisable. Le « droit de l'environnement » devient donc la condition de toute survie et la matrice de tout progrès pour une humanité enfin consciente de la terre où elle plonge ses racines.

Ce « droit de l'environnement » a eu ses pionniers qui ont pris des risques pour lancer des alertes, dénoncer mais également faire payer les pollueurs. Il s'est ensuite consolidé dans la négociation de traités internationaux qui permettent de réguler le réchauffement climatique. Il doit s'affirmer aujourd'hui comme « droit de l'humanité » englobant dans un seul et même ensemble la défense de l'homme et celle de la planète.

Dès les années 1990 j'avais intégré que nous devions préserver cet environnement qui est la source de toute vie humaine. Que notre maison brûle et que nous regardions ailleurs n'était pas nouveau. Mais je n'avais pas encore compris qu'il ne s'agissait pas d'opposer la nature à l'homme, mais d'un ensemble complexe dont les interactions sont infinies et que nous appelons « le vivant ». L'homme pour la nature. La nature pour l'homme.

Certains écologistes se raccrochaient à une vision très naturaliste. L'homme est un intrus, la nature souffre de cette présence. La nature serait pure et l'homme en serait le parasite. Il suffit de marcher une heure dans Paris pour comprendre que cette vision n'a pas de sens. La beauté de cette ville est le témoignage de la grandeur de l'humanité. Les Parisiens sont sa conscience, sans laquelle l'homme ne pourra se sauver de lui-même.

C'est en mettant toutes mes forces dans la préparation et la réalisation du premier plan climat de la ville de Paris en 2006 que j'ai pris pleinement conscience que toute politique environnementale est une politique sociale, autrement dit que l'écologie est un humanisme. Ce chemin a été popularisé par des figures de ce mouvement tel Yann Arthus-Bertrand ou Nicolas Hulot, qui comptent plus que jamais. Mais celui qui lui a donné un sens universel, c'est le Pape François. Je ne sais pas si je suis croyante, mais son encyclique *Laudato Si* a repris cette idée : l'écologie est un humanisme. « J'adresse une invitation urgente à un nouveau dialogue sur la façon dont nous construisons l'avenir de notre planète, écrit-il. Nous avons besoin d'une conversion qui nous unisse tous, parce que le défi environnemental que nous vivons, et ses racines humaines, nous concernent et nous touchent tous. Il nous faut une nouvelle solidarité universelle. »

Lorsque nous luttons contre le réchauffement climatique et les épisodes caniculaires de plus en plus fréquents qui l'accompagnent, nous luttons pour plus d'égalité entre les Parisiens.

En effet, on ne vit pas une canicule de la même manière selon que l'on habite dans un grand appartement climatisé ou dans une chambre de bonne sous les toits. Une politique contre le réchauffement climatique, c'est donc aussi une politique du logement. Nous nous sommes engagés à la rénovation énergétique de 27 000 logements sociaux d'ici à 2020. Mais ce n'est pas tout.

Une politique contre le réchauffement climatique, c'est aussi une politique de voirie. Nous testons des revêtements innovants qui emmagasinent et renvoient moins de chaleur que ce goudron brûlant qui empêche les Parisiens de dormir lorsqu'il fait trop chaud.

Une politique contre le réchauffement climatique c'est aussi une politique des espaces verts qui par l'humidité qu'ils dégagent et l'ombre qu'ils portent permettent de rafraîchir l'atmosphère autour d'eux.

Une politique contre le réchauffement climatique c'est aussi une politique en faveur des personnes âgées pour qui nous mettons à disposition des salles pour se rafraîchir.

Une politique contre le réchauffement climatique c'est aussi une politique pour les personnes en grande précarité qui subissent de plein fouet la chaleur et le manque d'eau, pour eux et tous les Parisiens qui souhaitent en profiter nous mettons en place des points d'eau un peu partout dans notre ville.

Une politique contre le réchauffement climatique c'est enfin et peut-être surtout une politique pour nos enfants, en préparant leur avenir et en préservant leur présent. C'est pour cela que nous changeons notre manière de rénover les écoles en intégrant cet enjeu, avec des cours « Oasis » ombragées, des écoles aérées, des points d'eau, des mares et des espaces verts pour les petits Parisiens.

C'est pour cela que Paris a signé la Déclaration des droits de l'humanité promue par Corinne Lepage et signée par un nombre croissant de villes en France et dans le monde. Si les villes ont répondu les premières à cet appel, c'est parce qu'elles ont pris conscience, depuis plus d'une décennie, de la similitude des problèmes auxquels elles ont à faire face. Chaque ville, à commencer par Paris, est unique et singulière. Mais toutes les villes sont confrontées à la pollution de l'air. Toutes les villes doivent s'adapter au réchauffement climatique et, pour cela, se préparer à gérer des épisodes de canicules toujours plus intenses. Toutes les villes enfin doivent trouver en elles-mêmes les gisements de solutions qui leur permettront d'affronter les crises à venir.

Dans ce combat commun des villes, le droit de l'environnement est un allié précieux, dès lors qu'on ne le prend pas comme une somme définitive de normes intangibles, mais comme un ordre en construction.

Ce droit, il nous faut l'écrire jour après jour au gré de nos combats.

C'est ce que nous faisons à Paris quand nous luttons contre les nombreux recours déposés par les opposants à la piétonisation des berges. Ces batailles sont difficiles, épuisantes et parfois douloureuses. Mais elles méritent d'être menées pour que s'inscrivent dans le droit, au travers de la jurisprudence, des préoccupations aussi essentielles que le primat de la santé publique sur les intérêts privés. Non pas un droit qui serait assujetti à des forces échappant à la délibération des hommes, mais un droit issu de cette délibération. Ce droit a besoin d'une juridiction spécialisée, et la France devrait suivre l'exemple de l'Espagne qui a instauré un ordre juridictionnel dédié, une véritable justice climatique. Je partage les propositions en ce sens d'un grand avocat, Jean-Pierre Mignard.

Je vois donc dans la transition écologique une occasion de renouer, à Paris comme dans les plus grandes villes, avec l'idéal d'une cité régie par des lois qu'elle se donne librement à elle-même.

L'Europe est malade de sa technocratie. C'est cette technocratie à laquelle nous nous attaquons aujourd'hui. Cette technocratie qui me dit que je ne suis pas légitime à contester le droit à polluer qu'elle a accordé aux constructeurs de diesel. S'il faut être personnellement et directement concerné par une norme pour la contester, alors qui peut me dire que je ne suis pas personnellement et directement concernée ? Je respire cet air, comme tous les Parisiens et tous les habitants des grandes villes françaises et européennes ; nous respirons cet air, nos enfants et nos petits-enfants respirent cet air, nous sommes donc fondés à agir. À agir vite. Mes concitoyens m'en ont donné le mandat. C'est un engagement.

L'engagement, c'est un mot qui a un sens. C'est à la fois la manifestation de la liberté et sa réalisation. C'est un mot qui a une réalité aussi. Ce n'est pas une valeur : l'engagement, c'est un acte quotidien. Comme pour l'amour, il n'y a pas d'engagement, il n'y a que des preuves d'engagement. Les Parisiens m'en donnent chaque jour, des preuves de leur engagement. Ils me surprennent, me contredisent parfois. Les Parisiens m'ont appris à refuser les certitudes pour aller en permanence à la rencontre du possible. C'est de leur force que je nourris mon engagement.

La démocratie a besoin de bien davantage qu'un bulletin de vote introduit dans l'urne à intervalles réguliers. Elle a besoin d'un engagement personnel quotidien des citoyens autant que des responsables politiques. Il est pour cela indispensable de permettre plutôt que de prescrire. Ma gauche, c'est cela : une force politique qui n'a peur ni du réel ni du rêve et qui prend chaque jour le risque des idées nouvelles. Les partis semblent dépassés par ce mouvement citoyen qui prend son avenir en mains. Pourtant, ils ont un rôle fondamental à jouer s'ils acceptent de se nourrir de cette ambition politique qui se traduit chaque jour en actes. C'est dans cet esprit que j'ai créé le mouvement « Paris en commun » qui tourne le dos à un ancien monde au sein duquel les représentants élus étaient les « sachants ». Mon expérience m'a fait comprendre que nous étions avant tout des « apprenants » à l'écoute de ce laboratoire d'invention permanente qu'est Paris.

C'est à ce renversement, à ce basculement que je travaille comme maire, en cherchant tous les jours à discerner ce mouvement qui nous dépasse, à le comprendre, à en formuler les espérances et à les réaliser. En pensant et en vivant les partis politiques comme des expressions nécessaires à la formulation d'une volonté citoyenne, nous les remettons à leur juste place qui est de servir et non de diriger le peuple. Nous leur permettons également, au-delà de leurs différences, de dessiner les majorités de projet qui sont indispensables à l'avènement de progrès nouveaux.

Les grandes villes sont les lieux de ce basculement au terme duquel chaque citoyen peut devenir le militant du progrès qu'il espère. Je suis persuadée qu'en démocratie l'engagement est l'énergie à la fois inépuisable et renouvelable qui permet à la société de progresser et de partager. Et chaque rencontre avec des Parisiens vient renforcer cette conviction selon laquelle pour l'engagement il n'y a pas de problème, mais uniquement des solutions.

Nous sommes 130 000 à entrer dans la salle d'audience. 130 000 citoyens européens qui ont signé la pétition que j'ai lancée pour montrer à la Commission leur engagement sur la question de la pollution de l'air. 130 000 femmes et hommes qui défendent un gouvernement à échelle d'homme. Si la Commission cède aux lobbies et que les gouvernements n'interviennent pas, alors il est impératif de reconnaître la capacité des maires à agir. Nous étions des milliers, déjà, le 10 mars dernier, à demander que les voies sur berges restent piétonnes. Élus de Paris, cyclistes, parents avec leurs poussettes, citoyens de la proche banlieue, écologistes concernés, ou simples promeneurs attachés à l'histoire de leur ville, ils étaient là, sous la pancarte « Sauvons les berges ».

Paris est la seule capitale au monde qui doive tant à son fleuve. La Seine en est à la fois le cœur et l'artère principale. Elle est l'atout qui a permis à la ville de se développer, elle est le joyau de son patrimoine, elle est ce lieu de vie pour tous les Parisiens et ceux qui aiment Paris. Elle est le passé, le présent et l'avenir de notre ville. Je n'ai pas enlevé les voies sur berges aux voitures, j'ai rendu les voies sur berges aux

Parisiens. Il n'y a pas si longtemps on s'y promenait encore. Endroit de prédilection pour Léon-Paul Fargue, marchande de rêves pour Arletty, coulant comme un ruban le long d'un visage pour Jouhandeau, menaçante, orgueilleuse et pleine de colère souveraine pour Julien Green, la Seine inspire, avec les plus grands écrivains, tous ceux qui se promènent sur ses rives.

Depuis deux ans l'un des plus beaux endroits au monde s'est ouvert aux promeneurs. Le cœur de Paris n'est plus traversé par une autoroute urbaine : il est habité, investi, vivifié par les dizaines de milliers de personnes qui viennent y respirer. Le bruit des moteurs a fait place aux voix humaines et l'air s'en trouve purifié. Piétons et cyclistes cohabitent en toute liberté et l'atmosphère s'est pacifiée. C'est l'histoire de Paris qui s'écrit sous nos pas dans le parc des rives de Seine, et c'est cette conquête qu'il nous faut défendre politiquement, socialement et culturellement.

Pour dire que les rives de Seine appartiennent aux promeneurs – et pas aux moteurs ; que nous refusons de voir la voiture reprendre le monopole du cœur de Paris devenu notre territoire commun ; que nous refusons de voir revenir, avec le bruit, la vitesse et le danger, la pollution de l'air que nous respirons ; que nous refusons de voir notre liberté réduite, notre santé affectée, notre qualité de vie dégradée.

Si les berges de Seine sont devenues un champ de bataille, ce n'est pas parce que nous leur avons rendu leur visage de toujours ; c'est parce que certains s'attachent à défendre un demi-siècle de monopole automobile qu'ils assimilent à une ère de liberté.

Ce combat, nous le menons depuis 2001. Et depuis 2001, la Seine en est le théâtre et l'enjeu.

Je me souviens des batailles épiques le jour où nous avons ouvert Paris Plages. C'était au mois de juillet, il avait beaucoup plu. Nous avions les embouteillages en haut, et personne en bas, sur les berges ! Je me suis retrouvée à expliquer l'intérêt du projet devant les caméras, sous la pluie ! Le maire de Paris se faisait traiter de « garçon de bain », on nous moquait, on nous critiquait, mais Paris Plages a été un succès retentissant que plusieurs capitales dans le monde ont imité… et un premier pas dans la reconquête des voies sur berges.

La piétonisation des voies sur berges, rive gauche, était inscrite dans le programme, mais la droite parisienne a tout fait pour l'empêcher. Alors que Michel Gaudin, préfet de police, était coopératif avec la majorité socialiste, François Fillon a utilisé sa position de Premier ministre pour tout bloquer. C'est Jean-Marc Ayrault, à l'occasion du changement de président et de majorité, qui nous a autorisés à tenir nos engagements.

Nous avons alors transformé cette autoroute urbaine en espace de promenade, de sport et de détente. Nous avons à nouveau mis en valeur un lieu merveilleux. Et les critiques ont volé en éclats dès que les Parisiens se sont concrètement réappropriés leur patrimoine. C'est déjà le cas sur la rive gauche, parcourue depuis cinq ans par des millions de visiteurs.

Sur les berges de la rive droite aujourd'hui, comme sur les berges de la rive gauche hier et sur Paris Plages avant-hier, l'idéologie est du côté de nos détracteurs et le bon sens du côté de la grande majorité de Parisiens qui aiment leur ville, qui aiment vivre leur ville. La piétonisation des berges a bien mis fin à une parenthèse d'une cinquantaine d'années au cours desquelles ce que nous avons de plus précieux a été soumis à la dégradation aveugle d'un déferlement motorisé.

Cette décision a été prise au nom de l'avenir, mais elle est inspirée d'un usage ancien, quand le fleuve était la source de la ville. Paris n'est pas un musée. Paris construit l'usage de la ville de demain sur les fondations de son histoire. Si, comme le disait Stendhal, la beauté est la promesse du bonheur, ces berges sont la joie des Parisiens, des Franciliens, des familles, des touristes qui réalisent chaque jour à pied, à vélo ou en poussette cette promesse magnifique.

Le retour des voitures sur les berges serait une folie. Il occulterait notre passé et insulterait notre avenir.

Ce n'est pas parce que les voitures n'y sont plus et n'y seront plus jamais que les voies sur berges ne restent pas des axes de circulation. Elles sont même devenues le moyen le plus rapide de traverser Paris. À pied, à vélo, à roller, à trottinette ou tout autre moyen de circulation doux et non polluant, c'est une véritable autoroute ! Faciliter la vie de ceux qui circulent autrement est un engagement que nous avons pris et que nous tenons. Près de 150 millions d'euros auront été investis au cours de ce mandat pour le plan vélo.

Avant la généralisation des pistes cyclables et l'arrivée de Vélib', il faut se rappeler ce qu'était circuler dans Paris à vélo. Les véhicules qui vous poussaient sur le bas-côté, les scooters qui vous doublaient de part et d'autre, l'odeur des pots d'échappement qui vous coupait le souffle. Aujourd'hui, la situation s'est réellement améliorée grâce aux infrastructures dans lesquelles nous investissons, mais aussi avec l'apparition et le développement des Vélibs. Il fallait être militant pour circuler à vélo dans Paris. Avec Vélib' tout le monde s'y est mis.

Je me souviens de l'engouement des Parisiens au lancement de cette aventure, le 15 juillet 2007. Depuis, les Vélibs ont parcouru plus de 700 millions de km, 17 500 fois le tour de la Terre. Ils constituent le premier système de vélos en libre-service au monde et totalisent

300 000 abonnés réalisant chaque année près de 40 millions de trajets.

Les Vélibs viennent d'une intuition forte de Bertrand Delanoë qui, ayant décidé de mettre des vélos partout, nous demande de réfléchir à un système où on prend le vélo à un endroit bien défini et on le dépose ailleurs. L'idée était d'aller au-delà du premier frein à l'achat et à la pratique du vélo : la peur du vol. À l'époque, nous consultons les Verts qui préconisent de coupler les vélos avec la RATP : placer des vélos à la sortie de quelques grandes stations. Ils proposent de commencer avec un effectif de 3 000 vélos. Bertrand Delanoë décide de partir avec 20 000 vélos ! Nous lançons alors un appel d'offres pour un service qui serait l'émanation du service public municipal, mais géré par le privé et dont le coût serait maîtrisé.

Le groupe JC Decaux, premier groupe industriel mondial spécialisé dans la fabrication et l'installation de mobilier urbain, est choisi comme prestataire. Ce groupe gère tout le dispositif dans le cadre d'un marché public. Dans un premier temps, c'est la publicité qui paie l'installation et la gestion de toute l'opération. Déjà, à l'époque, nous avons dû surmonter de nombreuses difficultés : marché annulé puis relancé, vélos vandalisés, contrat renégocié... Par la suite, les lois qui régissent le service public exigeant une mise en concurrence des gestionnaires, nous n'avions pas le choix, il fallait lancer un nouvel appel d'offres pour la gestion de Vélib'. Nous respectons la loi.

Mais le mieux est parfois l'ennemi du bien.

Alors que Vélib' fonctionnait bien, le mode de désignation du gestionnaire du nouveau Vélib' nous a obligés à choisir le mieux, notamment l'offre la plus avantageuse sur le plan économique. À l'issue d'une procédure de sélection des candidats imposée par le droit des marchés publics, c'est le consortium Smovengo qui a proposé le mieux et gagné l'exploitation du marché des vélos publics.

Smovengo n'était pas prêt. Au 1er janvier, après des phases de tests, la moitié des 1 050 stations renouvelées auraient dû être fonctionnelles, avec 30 % de vélos électriques. De nouvelles stations étaient également prévues hors Paris.

Mais l'entreprise n'a pas respecté le calendrier sur lequel elle s'était engagée pour fabriquer vélos et bornes, fiabiliser les systèmes techniques et informatiques, recruter et former les différentes équipes, développer les travaux...

Les vélos bloqués se sont multipliés pour atteindre environ un quart de la flotte, les batteries des vélos électriques se sont déchargées pour aboutir à plus de 50 % d'échec à la prise de vélo. J'ai entendu chaque jour la colère des usagers. Je comprends cette colère. Je suis moi-même en colère. Je crois qu'il n'y a pas d'autre manière de le dire. Je suis désolée. Nous sommes désolés. Je demande aux Parisiens de nous pardonner cette erreur que nous avons commise. J'ai demandé que se tienne tous les jours dans mon bureau une réunion afin d'être informée de l'évolution de la situation. Chaque fois que la réunion se termine alors que le problème demeure, je pense aux difficultés de ces Parisiens qui avaient organisé leurs trajets avec le Vélib' et se voient aujourd'hui obligés de changer leurs habitudes.

Au vu des ratés en série qui ont marqué les débuts de Smovengo, oui, j'ai clairement pensé que ce choix était une erreur. Et de toute erreur, il faut tirer des enseignements. J'ai lancé une inspection générale pour enquêter sur les conditions de l'appel d'offres et comprendre comment se prémunir contre ce qu'engendrent parfois nos propres procédures. Comment améliorer la vérification de ce que nous disent les entreprises ? Comment créer les conditions pour que cela ne se reproduise pas ?

Mais parce que je sais que les Parisiens y sont attachés, j'y suis moi-même attachée, j'ai décidé de tout mettre en œuvre pour que Vélib' fonctionne. Nous avons contraint Smovengo à faire le nécessaire, nous lui avons envoyé en soutien des équipes d'experts de la ville, nous faisons tout ce qui est en notre pouvoir pour que Vélib' redevienne ce symbole de la mobilité que nous voulons pour Paris. Une mobilité douce, non polluante, partagée.

Bien que le résultat ne soit pas encore à la hauteur, nous devions nous soumettre à ces procédures, car elles sont les garantes d'une démocratie transparente et saine. Paris a trop longtemps été gangrenée par le clientélisme, les copinages et les privilèges. C'est Bertrand Delanoë qui y a mis un terme dès son arrivée à l'Hôtel de Ville. J'ai continué cet engagement qui correspond à la fois à mon éthique personnelle et à ma vision de la fonction. On ne transige pas avec l'éthique. La droiture qu'elle impose peut parfois être perçue comme de la froideur.

Je sais le décalage qui existe entre ce que je suis réellement et ce qu'on perçoit de moi. Ma famille et mes amis s'en étonnent. En tant que femme de pouvoir, j'ai dû me construire pour résister aux attaques dont je faisais l'objet. L'autorité d'un homme devient l'autoritarisme d'une femme. La capacité à décider d'un homme devient l'impulsivité d'une femme. L'élégance d'un homme devient la coquetterie d'une femme.

Ces remarques m'ont touchée, parfois. Certaines m'ont meurtrie, aussi. Mais aucune n'a ébranlé l'idée que je me fais de la fonction de maire et de ce que doit être celui ou celle qui l'incarne. Les Parisiens voient que je ne suis pas celle qu'on décrit lorsque nous nous rencontrons dans la rue, dans le métro ou sur les marchés. Mais à l'Hôtel de Ville, ils veulent un maire exemplaire. Lorsque je passe la porte de mon bureau, je suis maire de Paris corps et âme, ma fonction dépasse ma personne, je me donne à elle entièrement.

Être maire de Paris, c'est être comptable de l'avenir des Parisiens. Comptable. Ce mot pèse sur les épaules de chaque représentant public qui agit non pour son intérêt propre, mais pour le bien du plus grand nombre. Cela veut dire que chaque Parisien peut me demander des comptes sur ce que j'ai fait, ce que je n'ai pas fait, ce que j'ai mal fait. Si cette responsabilité m'incombe personnellement, la réalité de notre action est celle d'une action collective. Nous travaillons tous ensemble à l'Hôtel de Ville, dans les mairies d'arrondissements, dans les administrations, sur le terrain pour servir les Parisiens. Chacun des 50 000 agents de la ville est habité par cette responsabilité.

Être maire de Paris, c'est prendre des décisions difficiles chaque jour. Décider, c'est être seul. Seul face à sa responsabilité. C'était le cas lorsqu'il a fallu engager Paris dans une candidature pour l'organisation des JO de 2024 après l'échec douloureux de 2012. Peu y croyaient, mais nous avons gagné. Je dis « nous » car si la décision est solitaire, la préparation est une œuvre collective. J'ai l'esprit d'équipe. J'aimerais que les Parisiens voient ces réunions où nous sommes tous mobilisés et rassemblés pour améliorer chaque détail de leur quotidien.

Les Bleus nous l'ont montré vingt ans après, une équipe gagne lorsqu'il y a un collectif. Au sens où chacun sait sa dépendance à l'autre, chacun sait sa propre faiblesse et s'appuie sur la force de l'autre, chacun sait sa propre détermination et compense la défaillance de l'autre. La politique n'est pas ce mauvais théâtre mis en scène par certains commentateurs. La politique, c'est construire ensemble. Il faut savoir entendre, comprendre, se mettre à la place. C'est pourquoi je dialogue avec tous. À Paris, chacun des groupes politiques, y compris de l'opposition, peut échanger avec nous dans le but de concevoir la meilleure décision.

Issus du monde associatif, du monde politique – que ce soit de droite ou de gauche – ou tout simplement issus de la commune, remarquables pour leurs idées ou leur parcours, les membres de mon équipe apportent chacun ce qu'il est. Mais je crois à la clarté. Chacune de ces manières de voir le monde, si différentes dans les constats posés et dans les solutions proposées, se met au service de la politique que les Parisiens ont choisie. Une politique humaine et écologique de gauche. Je ne perds jamais de vue ce mandat qu'ils m'ont donné. « Mandat. » Il est bon de se rappeler la définition de ce mot pour en comprendre la portée et l'importance pour moi.

Selon la loi, le mandat est un acte par lequel une personne donne à une autre le pouvoir de faire quelque chose en son nom. C'est au nom des Parisiennes et Parisiens que j'agis, et c'est avec elles et eux que je construis cette action, chaque jour. Parce que la manière de faire est aussi importante que le faire lui-même.

La manière de faire. La méthode. C'est là que se concentrent les questions. Les questions de mes adversaires politiques, mais aussi, je le crois, dans une moindre mesure, les questions des Parisiens. Je ne me suis peut-être pas assez expliquée. Je me rappelle cette rencontre avec la directrice d'une école maternelle Montessori dont la rue était en train d'être refaite. Le trottoir allait être élargi, des arbres plantés, et le revêtement de la chaussée modifié pour éviter la réverbération de la chaleur. Son école avait des problèmes depuis longtemps avec ce trottoir trop petit qui ne permettait pas aux parents d'attendre devant l'école sans gêner la circulation des autres piétons et l'entrée dans l'immeuble voisin. Ces travaux de voirie étaient pour elle et son école une aubaine. Je m'attendais à ce qu'elle me dise tout le bien qu'elle pensait de ce qui allait être fait.

Elle ne m'a parlé que de la gêne causée par les travaux, la poussière, le bruit, le temps que ça prendrait avant qu'ils soient achevés. Être maire de Paris, c'est apprendre l'humilité. Parce que cette femme a raison. Si je dois préparer demain, elle ne doit juger qu'aujourd'hui. Or aujourd'hui, cette rue verdie, élargie, moins chaude, que nous préparons n'est qu'une zone de travaux avec tous les désagréments que cela comporte pour les riverains, les piétons, les cyclistes, les automobilistes.

Je crois que nous devons encore renforcer le dialogue avec les Parisiens sur ces choses qui font notre quotidien. Un exemple me vient à l'esprit. Nous avons créé dans le 12e arrondissement de Paris une cour « Oasis ». Il s'agit de la rénovation d'une cour d'école maternelle à Daumesnil. Cette cour bénéficie désormais d'une végétalisation partielle, d'un revêtement innovant qui laisse s'écouler l'eau de pluie, d'une zone d'ombre et d'une fontaine pour les jours de canicule.

Ces travaux ont été discutés et modifiés par les parents d'élèves et l'équipe éducative qui y ont été associés. Un des points difficiles de la discussion avec les pères et mères était que leurs enfants risquaient de se salir les jours de pluie dans les espaces végétalisés. C'est après une discussion passionnée avec les ingénieurs de la Direction des Constructions publiques et de l'Architecture du 12e que les emplacements ont été acceptés par tous. Les parents étaient en accord complet avec le lendemain que leur proposaient les équipes de la ville, mais ils se préoccupaient avant tout de l'aujourd'hui, du maintenant, du tout de suite. Ce sont l'information et le dialogue qui ont permis aux parents d'accepter les taches de boue sur les pantalons de leurs enfants afin qu'ils vivent mieux en temps scolaire ces périodes de canicule auxquelles nous ne pourrons plus échapper.

Être maire de Paris, c'est être à la fois comptable du réchauffement climatique et responsable des taches de boue sur les pantalons des enfants. Pas l'un ou l'autre. L'un et l'autre. L'équilibre entre les deux se trouve dans l'information, la conscience et la volonté des Parisiens.

Pour ce qui concerne la mobilité, nous agissons de la même manière. Nous ne sommes pas seuls dans la mise en œuvre et la préparation des travaux sur la voie publique. La direction de la Voirie et des Déplacements de la ville agit avec la préfecture de Police. C'est un travail conjoint. Les choses ne sont pas faites sans idée directrice.

Dans le tome 3 de ses mémoires consacrés aux grands travaux de Paris, le baron Haussmann insiste avant toute autre chose et décrit par le menu « l'étude initiale de cette œuvre de longue haleine [la transformation de Paris] et des instruments dont je me suis servi pour dresser le projet dans son ensemble et dans ses détails ». Nous ne faisons pas autrement. Nous suivons une stratégie élaborée et mise à jour depuis plus de quinze ans. Elle a connu des accélérations ou des réorientations. Mais elle a été adoptée après des études approfondies. Dans la mise en application, nous croisons les expertises avec nos partenaires sur le terrain pour arriver à la solution la plus adéquate, en tenant compte des intérêts et des critères fixés par la population.

En réalité, pour une ville ayant le profil et les caractéristiques de Paris, il n'y a pas d'autre méthode que celle que nous avons adoptée. Nous l'avons mise au point après examen des stratégies qui ont réussi ou échoué dans les autres capitales du monde, nous nous sommes appuyés sur nos propres succès, mais aussi nos échecs.

Nous continuerons les piétonisations éphémères de certains quartiers le week-end, qui permettent aux familles de respirer ; nous ne referons jamais l'erreur des boulevards Magenta ou Saint-Marcel. Car notre politique est celle de la concertation et de la préparation.

Ainsi, l'interdiction du diesel et des voitures les plus polluantes se fait, mais par palier d'âge des véhicules. Tous les deux ans, nous éliminons une génération de véhicules polluants pour laisser aux usagers le temps de s'adapter. Je m'efforce de concilier l'urgence pour la santé des Parisiens et le changement des habitudes qui est un processus parfois très long.

Parce que c'est la préoccupation d'une mère, parce que c'est le devoir d'un maire, je dois faire malgré ceux qui disent qu'on ne peut pas faire autrement. Les mêmes qui nous disaient que l'amiante n'était pas dangereuse. Les mêmes ont vu le nuage de Tchernobyl s'arrêter à nos frontières. Les mêmes qui aujourd'hui pensent impossible de faire sans le glyphosate.

Ce type de produit dangereux est interdit depuis plus de dix ans dans les crèches parisiennes. C'est une génération à notre échelle, c'est un millième de seconde de l'histoire de notre planète. Pourtant, déjà, la biodiversité revient. Des abeilles de l'Opéra Garnier aux faucons pèlerins des tours de Grenelle. Le film de Frédéric Fougea et Mathieu Giombini,

La Plus Belle Ville du monde, consacre cette aventure parisienne.

Partout en Europe et dans le monde les villes changent. Partout en Europe et dans le monde ces villes qui changent le font d'abord par la mobilité. On remplace la voiture individuelle par les transports collectifs, le diesel par l'électrique, la propriété par l'usage.

Les plus grandes villes du monde se sont réunies au sein du C40 pour lutter contre le réchauffement climatique. Pas par des discours, par des actes concrets. À Bruxelles, c'est plus de 50 hectares qui ont été piétonnisés. À Londres, on décourage l'entrée en voiture dans le centre-ville. À Hambourg, la deuxième ville du pays de la voiture, on veut la bannir d'ici 2034. À Paris, où nous avons déjà réduit la circulation automobile de 36 % depuis 2011 et enregistré une baisse de 6 % du trafic depuis le début de l'année 2018, le mouvement s'accélère et demain le diesel n'y aura plus sa place.

Je sais que c'est difficile.

Difficile à entendre lorsqu'on n'a pas le choix. Lorsqu'on est laissé aux portes de Paris parce que sa voiture est trop polluante alors même que d'autres y circulent librement dans des véhicules de luxe inutilement puissants. « Pourquoi lui, simplement parce qu'il a les moyens, peut-il rouler dans la ville alors que moi je ne le peux plus ? » Je comprends qu'on trouve cela injuste. Paris appartient à tous et certains se sentent exclus de fait parce que leur véhicule est trop ancien et qu'ils n'ont pas les moyens de le changer.

C'est pour ceux-là, que, sur les 380 millions d'euros par an venant des contributions des Parisiens et attribués aux transports en commun, plus de 100 millions vont aux réseaux franciliens. C'est dans un souci d'équité entre ceux qui gagnent beaucoup et ceux qui gagnent moins, entre ceux qui sont proches et ceux qui sont loin que j'ai demandé que soit étudiée la possibilité de rendre les transports en commun gratuits. Je ne veux pas rendre la vie des automobilistes plus difficile et plus chère, je veux rendre la mobilité pour tous plus facile et plus économique.

Je sais que c'est difficile à accepter, car tout n'est pas rationnel quand on parle de voiture. Il n'y a rien de rationnel dans le fait de s'extasier sur la perfection de la ligne d'une Jaguar type E de 1961. Il n'y a rien de rationnel à jouir de la musicalité du Flat 6 d'une Porsche 911 en pleine accélération. Il n'y a rien de rationnel dans ce sentiment de plénitude que l'on éprouve au moment de relancer l'accélération après avoir placé son train avant dans une courbe. Pourtant, ce rapport sensoriel, charnel, quasi amoureux à la voiture existe. Je ne le ressens pas moi-même, mais comme un œnologue le ferait pour un vin, mon ami Jean Todt, président de la Fédération internationale de l'automobile et fervent défenseur de notre politique de mobilité, un ami avec qui nous avons imaginé le grand prix de Formule électrique à Paris, qui a effectué un travail extraordinaire pour la sécurité routière en tant qu'ambassadeur de l'ONU, me parle de ce plaisir, et par lui je peux l'entendre.

J'ai moi-même des souvenirs en voiture : les départs en vacances, l'odeur des Gitanes que fumait mon père dans l'habitacle, mettre sa tête à la fenêtre, fermer les yeux et profiter de l'air qui vous claque sur le visage… Au-delà de ces souvenirs, je sais ce sentiment d'intimité et de sécurité que procure l'habitacle d'une voiture individuelle, je sais la difficulté de l'abandonner pour la proximité, voire la promiscuité, des transports en commun. C'est pourquoi nous œuvrons pour que chacun trouve la solution qui lui convient. Vélos électriques, trottinettes, scooters ou voitures en partage, nous étudions même la possibilité de taxis-bateaux électriques sur la Seine. Je ne veux pas empêcher les Parisiens d'utiliser un véhicule personnel, je veux leur donner les moyens de s'en passer.

Je sais que c'est difficile à comprendre quand on a organisé sa vie comme ça. Un exemple me vient à l'esprit. Nous investissons beaucoup à Paris pour la petite enfance afin que la ville reste une ville familiale. Ce qu'elle est encore comparée à d'autres capitales en Europe et dans le monde. Ceux qui sont déjà allés à Londres ou à New York auront du mal à se souvenir d'avoir croisé une poussette sur un trottoir. À Paris, elles sont partout et je m'en réjouis !

Mais au-delà des constructions et des rénovations de crèches, nous voulons faciliter la vie des personnels qui sont tous les jours au contact des petits Parisiens. Nous avons donc proposé à ces personnels des logements proches des établissements, des logements à loyers modérés, des logements souvent neufs et de qualité. Certains ont refusé, préférant le cadre de vie qu'ils s'étaient construit dans telle ou telle ville autour de Paris, quitte à passer du temps dans les transports. Ces personnels nous disaient qu'ils aimaient trop la tranquillité, l'air pur et le bout de jardin dans lequel leurs enfants jouent pour les quitter.

Je veux la même chose pour les Parisiens aujourd'hui. Que ce soit ici qu'ils trouvent la tranquillité, que ce soit ici qu'ils respirent l'air pur, que ce soit dans nos jardins que leurs enfants jouent. Je le veux aussi pour ceux qui seront parisiens demain. Ceux qui comme moi arriveront dans cette ville alors qu'ils sont nés ailleurs, qui en tomberont amoureux comme j'en suis tombée amoureuse au premier regard, qui se sentiront ici chez eux comme je me suis sentie chez moi dès le premier pas sur le quai de la gare de Lyon en sortant du train. Je ne laisserai pas Paris devenir une ville de passage, dans laquelle on reste quelques années pour ses études, dans laquelle on commence sa carrière, mais qu'on quitte dès que le cadre de vie devient la première préoccupation.

Je veux que Paris soit une ville à vivre, une ville dans laquelle on s'enracine, dans laquelle on inscrive son histoire et celle de sa famille, dans laquelle on retrouve ses souvenirs d'enfance, dans laquelle on réalise ses ambitions d'adulte, dans laquelle on se voie vieillir.

Si la voiture a été et reste encore une libération, la prochaine libération, c'est de se libérer de la voiture elle-même. De ce qu'elle coûte à chacun, chaque mois, en crédit, en stationnement, en entretien. De ce qu'elle coûte à tous en termes d'environnement et de santé.

On me dit que la ville va mourir sans la voiture. Mais ceux qui arguent que la ville ne vit que par ses artères ne veulent pas voir que dans ces artères circule le poison qui peut la tuer.

Je me bats pour que Paris respire. Pékin, 21 millions d'habitants, un brouillard de suie qui ne permet pas de voir à un mètre, qui empoisonne les personnes âgées et les nourrissons, qui enferme les gens dans leur appartement ou dans leur bureau, qui empêche les enfants d'aller à l'école. Paris est 16 fois plus dense que Pékin. 16 fois. Les Pékinois sont 1 289 habitants au kilomètre carré, nous sommes plus de 21 000. À quoi ressemblerait Paris si je ne luttais pas contre les autoroutes urbaines, si je n'avais pas interdit le diesel pour tous les véhicules municipaux, si je n'avais pas interdit la circulation des véhicules les plus polluants, si je n'investissais pas tous les ans pour des bus propres et si aujourd'hui je n'étais pas ici, devant la Cour de justice de l'Union européenne, pour opposer au « permis de polluer » des constructeurs automobiles un « permis de respirer » pour les Parisiens ?

C'est le mandat que les Parisiens m'ont confié. Donner de l'air à Paris. Un souffle. Le plan vélo auquel, avec mon équipe, les élus, les associations et les entreprises, nous veillons chaque jour pour qu'il soit réalisé jusqu'au bout. Rendre leurs racines aux Parisiens par la terre, dans les écoles, dans les parcs, sur les trottoirs. Une terre qu'ils s'approprient en la végétalisant, en plantant dans le sol les graines de la ville de demain. Une ville à vivre contre les intérêts de ceux qui ne voient Paris qu'au travers des chiffres. Ceux qui pensent que la valeur de Paris se mesure au prix du mètre carré. Ceux qui pensent que Paris, c'est un âge moyen ou un revenu médian.

Ceux qui pensent qu'on « gère » Paris ne comprennent pas Paris.

Paris se vit. Dans sa diversité, dans sa richesse, dans sa brutalité, parfois. Je vis Paris et je ne supporterais pas de trahir les Parisiens. Qu'ils me demandent aujourd'hui ou dans dix ans pourquoi je n'ai rien fait. C'est l'idée que je me fais de la politique. Le courage en est le moteur, l'éthique la boussole et la commune le lieu d'expression. La commune. Ce mot qui dit ce que nous partageons.

Il suffit de regarder une carte de Paris pour comprendre que notre commune est emprisonnée par la voiture. Quadrillée de routes. Enserrée dans un périphérique qui l'enferme sur elle-même. Je passe devant le fronton de la mairie chaque jour. « Liberté », « Égalité »,

« Fraternité » y sont inscrits. Ce sont les trois directions de mon action pour la mobilité à Paris. La liberté d'abord. Le mot est fort, mais il dit la force de mon engagement. Si ma liberté s'arrête là où commence celle de l'autre, alors ma liberté n'est pas celle de traverser la ville, seule dans un SUV de plus de deux tonnes, poussé par un moteur diesel.

Au contraire, si ma liberté commence là où commence celle de l'autre, autrement dit si je ne peux être libre que parce que l'autre est libre, alors ma liberté est dans le partage, dans le commun, parce qu'il n'y a pas de liberté sans égalité.

Parlons d'égalité, justement. Un SUV occupe 9 m^2 d'espace public, une citadine 7 m^2, un vélo seulement 1 m^2 et c'est encore moins pour un piéton. Pourtant, ce sont la route et les places de stationnement en surface qui occupent la plus grande partie de l'espace public parisien. Si je m'en réfère à des chiffres indépendants de la mairie (les décodeurs du *Monde*, article du 30 novembre 2016), elles accaparent plus de la moitié de l'espace public, alors même que 87 % des déplacements se font à pied, à vélo, en taxi ou en transport en commun. Seulement 13 % des déplacements se font en voiture, pourtant il faudrait leur laisser près de la moitié de l'espace ?

Je ne me bats pas contre la voiture, je me bats pour une ville justement partagée. Et quel acte plus fort pour un partage plus juste de la ville que celui de rendre aux Parisiens leurs places ? Et, par là, de rendre à chaque Parisien sa place au cœur de la ville ? Nous avons lancé en juin 2015 un des plus grands projets de réaménagement urbain qu'ait connus Paris depuis très longtemps. La Madeleine, Italie, Gambetta, Nation, Bastille, le Panthéon et la place des Fêtes : d'ici à 2019, sept parmi les places les plus emblématiques de la ville vont être réinventées.

Réinventées par les Parisiens eux-mêmes. De fait, dès le début du projet et tout au long de son élaboration, nous avons demandé aux Parisiens ce qu'ils voulaient pour leurs places. Des milliers ont contribué sur les différents sites internet, ont participé aux réunions publiques, aux marches exploratoires, et leur première exigence était un partage plus équitable de l'espace, réduire l'emprise de la voiture, que ces lieux devenus points de passage soient à nouveau des points de rencontre. Un espace public, le lieu où se rencontrent les corps et s'échangent les idées, le lieu où se construit la démocratie. À Bastille, on veut faire de la place « un endroit où se retrouver. Actuellement, les gens ne s'y arrêtent pas, il faut retrouver quelque chose de plus humain ». À la place des Fêtes, on pense à l'usage, à « l'ouverture de nouveaux espaces (café associatif, coworking, fab lab, repair café, locaux associatifs, ferme urbaine...) initiant une dynamique économique sociale et solidaire – engagée avec l'utilisation provisoire du foncier en friche pendant et avant les travaux de la place ». À Gambetta, on considère que « cette conception de fontaine-rond-point pour faire tourner des voitures autour est complètement dépassée ! »

Ce ne sont que quelques exemples des constats, des idées et des envies qui ont émergé au cours de cette co-élaboration. Je crois au partage de la ville. Je crois aussi au partage de la réflexion et de la décision. Lorsqu'on laisse aux citoyens la possibilité de fabriquer leur ville, ils la font plus douce, plus verte, plus sobre. J'accompagne cette ambition que je partage avec les Parisiens. L'ambition d'une ville à vivre autrement. C'est ce qui s'est exprimé lorsque nous avons lancé le budget participatif.

À cette échelle-là, c'était une première mondiale : 5 % des investissements de la collectivité, soit 500 millions d'euros entre 2014 et 2020, laissés à l'imagination des Parisiens qui ont contribué à cette révolution démocratique locale. Là où le système politique, entretenu par des technocrates tous issus des mêmes grandes écoles, postulait l'incompétence du citoyen, à Paris nous avons fait notre révolution : peut-être parce que je n'ai pas le même parcours de vie, je sais mes concitoyens compétents et raisonnables quand il s'agit de choisir pour le bien commun.

Et au-delà de ces grandes places, chacun de ceux qui ont vécu à Paris le sait, notre capitale est constituée d'une multitude de petits villages. Des villages qui s'organisent, comme partout en France, autour d'une place. La place Turgot dans le 9e, la place Sainte-Marthe dans le 10e, la place Paul-Verlaine à la Butte-aux-Cailles ou la place Émile-Goudeau à Montmartre ; chaque fois que nous le pouvons, en concertation avec les riverains et les commerçants qui sont souvent très impliqués, nous partageons plus justement l'espace. La voiture n'en est pas nécessairement totalement exclue, mais elle est remise à sa juste place, celle qui permet à la vie parisienne de prendre son essor. Aucune ville au monde n'est plus agréable à vivre que Paris un dimanche matin lorsque les voitures sont au garage.

Mais Paris n'est pas destinée à être un centre isolé. Paris est le point de rencontre d'un territoire auquel elle appartient, le plus grand et le plus riche d'Europe, 7 millions d'habitants de ce Grand Paris liés par une identité, un mode de vie, une ambition, une fraternité. Ce territoire est divisé par la route. Les transports en commun nous relient, l'automobile nous isole. C'est pour cela que nous avons lancé une grande réflexion sur la gratuité des transports afin que chacun des habitants de ce territoire puisse se déplacer librement, également, fraternellement.

Mais Paris est une ville singulière. Le statut de maire de Paris l'est aussi.

Depuis la Commune, ce soulèvement des Parisiens contre un pouvoir central absolu, Paris n'avait plus de maire, la ville était administrée par un préfet nommé directement par l'État. C'est en 1977 que Valéry Giscard d'Estaing décide de rendre à la capitale son maire. Un maire qui ne devra pas faire d'ombre au pouvoir central, un maire contrôlable, aux pouvoirs limités ; on ne lâche pas comme ça les rênes de la plus belle ville du monde. VGE voyait Michel d'Ornano gagner dans un fauteuil. C'était sans compter sur l'ambition de Jacques Chirac. Rappelant l'histoire indocile de Paris, il ravit la mairie et donne à la fonction l'indépendance qui est la marque du peuple parisien.

Comme Bertrand Delanoë, je me situe dans cette ligne, dans cet héritage, dans cette idée que Paris se doit d'être différent pour ouvrir de nouvelles voies. Mais les pouvoirs du maire de Paris sont limités en ce qui concerne les transports en commun. C'est peut-être la plus grande frustration que je ressens dans cette fonction.

Les transports en commun sont gérés par Île-de-France Mobilités, donc par la région. Au-delà de la région, ils sont financés en grande partie par l'État et les huit départements qui composent l'Île-de-France.

C'est en cela que le rôle de maire de Paris est si particulier. Il doit dialoguer d'égal à égal avec le président de la région, le Premier ministre ou le président de la République sur des décisions qui concernent directement les Parisiens.

Pour cela, je me dois d'être indépendante des pouvoirs en place, du fonctionnement des partis, des luttes d'influence afin de défendre au mieux la mobilité, et au-delà de la mobilité, le quotidien des Parisiens. Qu'en serait-il si je devais rendre des comptes au pouvoir central ?

Je me suis toujours battue dans l'éthique et dans la responsabilité. J'assume ce qui ne marche pas ou ce qui marche mal. Je sais bien que lorsqu'un métro est en retard, lorsque le trajet d'un bus est détourné, lorsqu'une station de métro est tellement sale qu'on n'a qu'une envie, c'est d'en sortir, on se dit : « C'est de la faute d'Hidalgo ».

Je pense que le pouvoir politique n'est pas la concrétisation d'une ambition personnelle, mais le point de départ d'une réalisation collective. Alors j'entends cela, je l'accepte, et si la maire de Paris ne peut pas tout, elle n'abandonne rien.

Nous sommes intervenus directement dans le développement et la modernisation des moyens de mobilité dans toute la région parisienne. Les tramways parisiens et notamment le projet T3 prolongé de la porte de la Chapelle à la porte d'Asnières, c'est la Ville de Paris qui l'a financé majoritairement. Faire passer les bus de la RATP au tout électrique impliquait d'importantes modifications dans les locaux de mise en place et d'entretien, car les véhicules électriques n'ont pas les mêmes dimensions que leurs prédécesseurs roulant au diesel. Nous avons participé à ces investissements. Et nous sommes allés plus loin : sur l'emplacement d'un ancien dépôt de bus situé boulevard Jourdan, nous avons transféré l'atelier et ses services en sous-sol et, au-dessus, nous avons bâti tout un quartier avec des logements sociaux, une école et des lieux de vie.

Mais Paris ne s'arrête toutefois pas aux frontières de Paris. Et je crois que la prochaine étape sera de briser la dernière barrière qui sépare Paris du Grand Paris, ce périphérique hérité de l'âge de la voiture-reine, quand Paris a été en partie modifié pour se soumettre aux exigences de l'automobile. C'est une époque récente, celle des Trente Glorieuses, quand toute construction était conçue en fonction de la circulation automobile. Les plus anciens se souviendront peut-être de la destruction des pavillons Baltard et d'une grande partie des Halles qui les entouraient.

Le centre et la périphérie, la périphérie et le centre, c'est l'histoire de Paris. Son avenir est au-delà de cette distinction : nous réinventons le cœur de Paris par la fusion des 1er, 2e, 3e et 4e arrondissements en 2020, à partir de la réalité de la vie des Parisiens et en accord avec les enjeux de la métropole.

Le problème de la circulation à Paris ne date ni d'Hidalgo, ni des Trente Glorieuses. On se rappellera que Ravaillac a pu assassiner Henri IV à la faveur d'un embouteillage rue de la Ferronnerie. De fait, jusqu'à l'intervention considérable du baron Haussmann, préfet de la Seine, le centre de Paris est congestionné, misérable et dangereux ; des bidonvilles insalubres infestent la capitale. Les épidémies sévissent, le choléra tue 20 000 Parisiens, en majorité des femmes et des enfants, en 1849. Il n'y a pas d'égout, pas d'eau courante, c'est une ville sans arbres. La circulation est difficile, car Paris ne s'est pas transformée pour faire face à ses nouvelles activités économiques. La population est en forte croissance. La révolution industrielle exige une main-d'œuvre nombreuse et provoque un important mouvement de population. Un exode rural massif alimente les usines de la capitale.

En 1837, Victor Considérant a pu écrire : « Paris, c'est un immense atelier de putréfaction, où la misère, la peste et les maladies travaillent de concert, où ne pénètrent guère l'air ni le soleil. Paris, c'est un mauvais lieu où les plantes s'étiolent et périssent, où, sur sept petits enfants il en meurt six dans l'année. »

Haussmann eut à vaincre une opposition violente pour rénover la ville. Dans un premier temps, l'État exproprie les propriétaires des terrains concernés par les plans de rénovation. Puis il détruit les immeubles et construit de nouveaux axes dont le sous-sol est la richesse puisque y circulent eau courante, gaz et tout-à-l'égout. Ces travaux suppriment 57 rues ou passages, 2 227 maisons sont jetées à terre. Plus de 25 000 habitants, presque tous ouvriers, sont déplacés. Une nouvelle ville est née. La plus belle ville du monde. Ma mission aujourd'hui, c'est de construire l'usage de cette ville.

C'est aussi d'en penser l'avenir. Son horizon, c'est le Grand Paris, Paris plus grand que Paris, Paris au-delà de Paris. Depuis 2014, nous travaillons à construire cette union de communes si diverses par le dialogue. Mais nous dépendons toujours des désirs et des ambitions présidentiels. Une réforme est encore en préparation. Pourtant, depuis 2012, nous construisons la réalité de ce territoire avec Patrick Ollier, le président de la métropole du Grand Paris, avec l'ambition de se donner un destin commun. De tous bords politiques, les maires des 131 communes de la métropole travaillent ensemble dans une aventure démocratique qui nous lie et nous relie.

Pour faire naître l'attractivité de ce Grand Paris, il faut lutter contre la pollution et pour l'égalité au sein de ce territoire. C'est pourquoi je préconise que la Ville de Paris et la métropole aient la main sur les transports. Qu'il y ait une délégation obligatoire de compétences de telle manière que la zone urbaine de la métropole puisse développer son réseau de transports publics, au-delà des clivages politiques et des frontières qui nous séparent alors que nous ne faisons qu'un. Pour ce projet, il faut accepter la concertation, le respect de chacun dans la recherche de l'intérêt de tous. Paris n'a pas vocation à dominer ses voisins ou à s'enfermer sur elle-même. Elle est pionnière dans la manière de vivre la ville autrement. Je voudrais que tous ceux qui souhaitent ce changement en dessinent les contours avec nous.

Parfois, je me sens seule. Lorsque je lis le déferlement de violence gratuite et anonyme qui accompagne certains de mes tweets. Cela pourrait me faire douter. Mais j'aime cette fonction de maire. Je me le rappelle chaque fois que je croise des Parisiens de chair et d'os, dans le métro, dans la rue, lors d'une inauguration ou dans le cadre d'une association de quartier. L'enjeu pour un maire de Paris, mon enjeu en tant que maire de Paris, je le vois dans le regard des Parisiens, je le lis sur leur sourire, je le comprends d'un geste qui m'invite à continuer. C'est parmi eux que je vais me ressourcer. Un moment de ce mandat a forgé mon caractère de maire. Un moment que nous avons vécu ensemble à l'unisson d'une émotion qui aurait pu ébranler les fondations de la ville elles-mêmes : les attentats du 7 janvier et du 13 novembre. Dans ce moment où la haine aurait pu emporter avec elle ce qui fait de Paris notre bien commun, j'ai vu les Parisiens ne pas renoncer à être ce qu'ils sont. Je me rappelle chaque fois que je doute que je me dois d'être à leur hauteur.

Je ne sais ce que décidera la Cour européenne. Elle a au moins accepté de m'écouter. Accepté à travers ma voix d'écouter la préoccupation des citoyens des grandes villes qui sont le cœur et la richesse de l'Europe, son histoire et son avenir, sa population et son peuple. J'espère qu'elle entendra. Qu'elle entendra l'urgence à agir pour préserver la santé des siens. J'espère qu'elle comprendra. Qu'elle comprendra qu'il en va de sa survie.

L'Europe n'existe que par ses citoyens. Si elle continue de croire qu'ils ne sont qu'un moyen pour arriver aux fins d'un système tout-puissant, inégalitaire et violent, l'aspiration démocratique par laquelle elle est née soufflera sur elle un vent de révolte.

Je crois à la vérité en politique. Je crois qu'elle est le seul outil pour déconstruire les discours des populistes. Je crois à une vérité qui se remet en question chaque fois qu'elle est interrogée. Je crois à la vérité en politique. Mais je sais qu'elle n'est pas la destination, mais le chemin. La vérité n'est pas une fin, c'est un moyen. Le moyen d'éclairer le citoyen sur la réalité d'une situation et ainsi lui permettre en toute transparence de construire sa propre réflexion. Je crois à la vérité en politique. Et je vis cette exigence intime, cette obligation morale, ce devoir intellectuel chaque jour dans ma fonction de maire de Paris.

Un dossier en particulier me vient à l'esprit lorsque je pense à la vérité. Les réfugiés. Je dis « réfugiés » et déjà la vérité de ce mot même est interrogée. C'est vrai, parmi ceux qui passent les frontières de France *via* les Alpes et qui arrivent tant bien que mal jusqu'à Paris, certains ne sont pas des réfugiés, des demandeurs d'asile, mais des migrants économiques. C'est une réalité. Une réalité partielle, qui masque, quand elle est agitée comme un épouvantail par les populistes identitaires, la vérité de la situation. La vérité se trouve dans les campements que nous essayons tant bien que mal de contenir et d'organiser. La vérité se trouve au cœur de ces familles dont on veut nier la dignité.

Nous faisons cela parce que l'État nous a abandonné cette responsabilité. Une responsabilité qui est la sienne. Une responsabilité de droit. Nous vivons en démocratie, une démocratie régie par des lois, au sommet de ces lois se trouve la Constitution dont la Déclaration des droits de l'homme est le préambule.

En tant que maire de Paris, je n'ai pas de pouvoir sur la politique migratoire de la France.

Ceux qui doivent être reconduits à la frontière parce qu'ils ne satisfont pas aux critères de l'asile doivent l'être. Je ne discute pas cela. Mais en tant que maire de Paris, j'ai le devoir de mettre l'État face à sa responsabilité. Accueillir dignement ces gens qui demandent à la France de l'aide, ce n'est pas une question d'honneur de la France, de tradition d'accueil ou même de générosité. C'est une question bien plus profonde. Article 16 de la Déclaration des droits de l'homme et du citoyen : « Toute Société dans laquelle la garantie des Droits n'est pas assurée [...] n'a point de Constitution ».

Autrement dit, respecter les droits des demandeurs d'asile, c'est garantir nos droits à nous. Ne pas les respecter, c'est s'exposer à ce que les nôtres ne le soient pas non plus. C'est le contrat démocratique. Contrairement à ce que l'on croit, la déclaration de 1789 nous donne des droits, mais nous oblige aussi à des devoirs.

Je ne peux ni ne veux me soustraire à mon devoir. C'est en rendant leur dignité à ces femmes et à ces hommes que nous construisons la nôtre. Je me souviens d'une discussion informelle avec un député parisien. Il avait œuvré pour que soit accueilli dans son arrondissement un campement qui permettrait à ces déplacés de poser leurs affaires quelque part, d'avoir un endroit où dormir, un petit chez-soi même éphémère pour oublier pendant quelques heures tout ce qu'ils avaient abandonné. Il me faisait part des réticences des riverains et des responsables du quartier en question. Il me racontait que le campement s'était finalement installé. Qu'après un moment d'adaptation un peu difficile, il avait reçu de nombreuses lettres de ses administrés le remerciant du geste qu'il avait fait.

Car au-delà de l'amélioration des conditions de vie de ces hommes et de ces femmes, il avait permis à un quartier de se retrouver : en prenant soin des autres, les habitants s'étaient soignés eux-mêmes. « Utiles », « humains », « dignes », « fiers » étaient les mots qu'on lui faisait remonter.

Je sais qu'accueillir n'est pas facile, mais ignorer est un péril. C'est pourquoi à Paris nous avons agi dès 2015. D'abord en prenant la mesure de l'urgence. En trois ans, la Ville de Paris a consacré 30 millions d'euros à la prise en charge des migrants, bien au-delà de ses compétences obligatoires, s'ajoutant aux moyens déjà consacrés à l'aide aux mineurs étrangers isolés. Nous avons également proposé à l'État la mise à disposition gracieuse d'une série de bâtiments qui ont permis d'ouvrir 1 250 places d'hébergement en un an. Une unité d'agents municipaux dédiée aux personnes à la rue assure quotidiennement des maraudes, aux côtés des associations, pour repérer les publics les plus fragiles et les mettre à l'abri le jour même.

Malgré ces efforts, les campements se succèdent sur l'espace public, au sein desquels des centaines de personnes vivent dans des conditions sanitaires déplorables. Ainsi, au fil des mois, une urgence s'est imposée : organiser leur accueil afin d'éviter la création de nouveaux campements insalubres. Les campements, le passage par la rue pendant plusieurs jours ou plusieurs semaines ne doivent plus être une étape incontournable du parcours migratoire. Nous devions changer de méthode pour mettre fin à cette fatalité.

C'est dans cet esprit que nous avons décidé d'ouvrir avec Médecins du monde un centre humanitaire aux normes du Haut Commissariat des Nations unies pour les réfugiés à la Porte de La Chapelle, dans le but d'améliorer la qualité de l'accueil des réfugiés. Nous avons appliqué un strict principe de neutralité et d'impartialité en apportant notre aide à tous ceux qui souffrent, sans distinction politique, ethnique, religieuse ou idéologique, en toute transparence et en toute franchise. Nous avons coordonné nos efforts avec tous les acteurs de la solidarité en articulant notre projet avec les dispositifs de prise en charge existants. Cette approche, nous l'avons partagée avec les villes européennes et nous continuons de tisser avec elles un réseau décisif de solidarité.

Paris joue un rôle de moteur dans la mise en réseau des « villes refuges » européennes, pour porter et faire entendre la voix des maires, qui sont les premiers élus confrontés au drame des réfugiés. C'est en s'unissant dans leur combat que les villes européennes pourront répondre à l'urgence. Ici et maintenant. En faisant le pari de l'hospitalité. En donnant la main à ceux qui la tendent.

Pourtant des campements de fortune continuent à se constituer sur l'espace public, essentiellement dans le nord de Paris, à proximité de la gare du Nord, lieu de transit vers et depuis Calais et de rencontres entre migrants. Ces campements, rapidement insalubres et dangereux, amènent les migrants à vivre dans des conditions profondément indignes et sont sources de nuisances pour les riverains des quartiers concernés. L'État a attendu l'apparition de ces campements de fortune pour proposer des hébergements d'urgence aux réfugiés, incapable de prévoir assez de places pour toutes les personnes présentes. Ces campements sont de plus en plus étendus ; il faut chaque fois trouver davantage de places pour mettre à l'abri toutes les personnes présentes.

Peu importe les manœuvres qui ont mené à ce blocage. L'article 15 de la Déclaration de 1789 dispose : « La Société a le droit de demander compte à tout Agent public de son administration. » Nous Parisiens, nous demandons compte au ministre de l'Intérieur de son administration sur la question des réfugiés. Nous Parisiens, nous demandons à l'État de changer de méthode, que la prise en charge des réfugiés se fasse à mesure qu'ils arrivent dans notre ville, que des places d'hébergement soient créées pour permettre aux réfugiés de survivre dans la dignité et à nos quartiers de vivre dans la tranquillité. Nous Parisiens, nous demandons la dignité pour les réfugiés, donc pour nous-mêmes.

Je crois à la vérité en politique. Elle est le fil conducteur de mon action. C'est pourquoi je souhaite que les Parisiens puissent avoir accès, en toute transparence, à toutes les informations concernant la qualité de l'air qu'ils respirent. C'est pour cela qu'en concertation avec les maires de Londres et de Séoul, avec la Fondation du souffle, Enedis et Airparif, nous avons lancé le dispositif Pollutrack.

Cet appareil révolutionnaire permet de mesurer avec exactitude et dans un périmètre restreint le taux de particules fines émises notamment par les moteurs diesel. L'idée est de prouver que les mesures affichées par les constructeurs sont fausses. L'idée est aussi de montrer aux Parisiens la réalité de la pollution de l'air qu'ils respirent sur leur balcon, à l'entrée de l'école de leurs enfants, à la terrasse de leur café préféré. Ils auront à disposition avant la fin de l'année une carte de la pollution à Paris en temps réel. C'est de cette vérité dite que viendra la mobilisation des citoyens.

Je ne sais ce que décidera la Cour européenne. Si elle choisira la vérité ou le mensonge, l'avenir ou le passé, les citoyens ou les capitaux. Trois options s'offrent à elle. Soit elle nous donne raison sur le fond et sur la forme. La modification de la norme sur l'émission de particules fines des moteurs diesel doit être invalidée et les maires de communes sont fondés à agir contre une norme qui porte atteinte à l'intégrité de leurs administrés. Soit elle nous donne raison sur la forme, mais pas sur le fond. Les maires de communes sont fondés à agir contre une norme qui porte atteinte à l'intégrité de leurs administrés, mais la modification de la norme sur l'émission de particules fines des moteurs diesel ne doit pas être invalidée. Soit elle ne nous donne raison ni sur la forme ni sur le fond.

Avant de pénétrer dans la salle de la Cour de justice de l'Union européenne, on me dit que je vais perdre. Je réponds que nous serons alors 130 000 à perdre. Les 130 000 citoyens européens qui ont signé la pétition que j'ai lancée contre le « permis à polluer ». Au-delà, nous serons plus de 2 millions de Parisiens, 12 millions de Franciliens, des dizaines de millions si l'on compte la population des capitales européennes, à voir notre santé hypothéquée pour payer la rente d'intérêts privés.

L'air est un bien commun. Comme nous l'avons fait pour l'eau de Paris, je veux rendre ce bien commun aux Parisiens. Accepterait-on de boire une eau aussi polluée que l'air que nous respirons ? La réponse est non, bien sûr. L'homme peut vivre 3 jours sans boire, moins de 3 minutes sans respirer, il boit entre 1,5 et 2 litres d'eau par jour, il respire entre 12 000 et 15 000 litres d'air, et ce que nous n'accepterions pas dans 1,5 litre d'eau, nous devrions nous en accommoder dans 15 000 litres d'air ? C'est un devoir. Le devoir de rendre l'air que les Parisiens respirent aussi pur que l'eau qu'ils boivent. C'est la réalité de mon action. C'est mon engagement pour l'avenir.

On me dit que je vais perdre. Pourtant nous allons gagner.

Les recettes provenant des ventes de cet ouvrage
sont intégralement reversées à la Fondation
du Souffle, qui œuvre contre les maladies respiratoires.

www.lesouffle.org

Composition et mise en pages
Nord Compo à Villeneuve-d'Ascq

Achevé d'imprimer en septembre 2018
sur les presses de Normandie Roto Impression s.a.s.
61250 Lonrai
N° d'impression : 1803274

Imprimé en France